AF390619

# VENTE

*Du Mardi 11 Juin 1895*

## HOTEL DROUOT, SALLE N° 11

A DEUX HEURES 1/2

---

# Meubles Anciens

## DES XVIᵉ, XVIIᵉ ET XVIIIᵉ SIÈCLES

### BRONZES, FERS FORGÉS, FAIENCES

Belle Pendule d'applique en écaille verte, ornée de bronzes dorés

## TABLEAUX

## TAPISSERIES

EN PARTIE PROVENANT

## de la Collection de M. B... de R...

---

| Mᵉ G. BOULLAND | M. A. BLOCHE |
|---|---|
| *Commissaire-Priseur* | *Expert* |
| 26, Rue des Petits-Champs, 26 | 28, rue de Châteaudun, 28 |

---

## EXPOSITION PUBLIQUE

## LE LUNDI 10 JUIN 1895

DE 2 HEURES A 6 HEURES

IMPRIMERIE ARTISTIQUE

**E. MÉNARD & C**

*Bureaux et Ateliers:* Paris — 8, Rue Milton

# CONDITIONS DE LA VENTE

Les acquéreurs payeront en sus des adjudications *cinq pour cent*.

La vente sera faite *expressément* au comptant.

L'exposition mettant le public à même de se rendre compte de l'état des objets, il ne sera admis aucune réclamation une fois l'adjudication prononcée.

Paris. — Imp. artistique E. Ménard & Cⁱᵉ, 8, rue Milton.

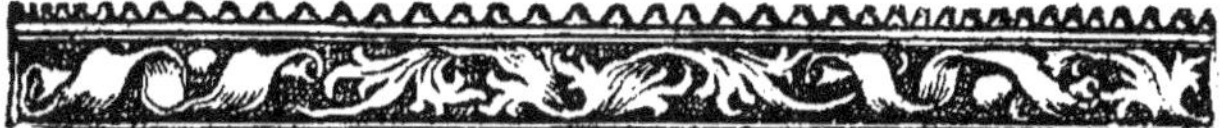

# TABLEAUX

1 — Très remarquable tabernacle forme tryptique,
en bois finement sculpté et rehaussé d'or par
parties. L'intérieur, d'aspect architectural, à colonnettes cannelées, ornées de têtes de chérubins
et de chutes de fruits, supportant le cintre fleu-
ronné, renferme une statue représentant la
Vierge en prières, les volets offrent en bas-relief
des rosaces, des vases avec gerbes entrelacées,
des fruits et des feuillages, le fronton, une suite
d'arabesques feuillagées avec cartouche aux
armes de Charles-Quint. L'extérieur est décoré
de branchages fleuris au milieu desquels sont
perchés des oiseaux et courent des animaux en
rouge et or sur fond brun.

2 — Crédence en bois sculpté à rosaces et ornements, pieds à pilastres et à chapitaux. Époque
du xvii<sup>e</sup> siècle.

3 — Meuble cabinet en bois garni de moulures et
à colonnettes torses s'ouvrant à dix tiroirs et une
porte forme niche, posant sur une console à pieds
tors. Époque xvii<sup>e</sup> siècle.

4 — Petit cabinet en bois s'ouvrant à sept tiroirs
et une porte en marqueterie de bois de couleur,
réprésentant des maisons mauresques. Époque
Louis XIII.

5 — Petite console en bois sculpté et doré à rocailles et fleurs, dessus en marbre griotte. Époque Louis XV.

6 — Chaise en noyer sculpté à fleurs et rocailles,
pieds à contours couvertes en ancien velours
vert frappé. Époque Louis XV.

7 — Jolie commode en bois de rose et palissandre s'ouvrant à trois tiroirs garnis de bronzes ciselés et dorés à rocailles portant les poinçons de Caffieri, dessus en marbre rouge. Époque Lous XV.

8 — Toilette Pompadour en bois de rose et palissandre. Époque Louis XVI.

9 — Commode en bois de rose et palissandre à filets de citronnier, poignées et entrées de serrures en bronze, dessus en marbre griotte. Époque Louis XVI.

10 — Lit en bois avec colonnes torses et baldaquin garni de serge bleu brodé de soie. Époque Louis XIII.

11 — Table de nuit en marqueterie de bois, porte à coulisse, dessus en marbre.

12 — Jolie armoire en bois rare avec large filet en bois de citronnier. Époque Louis XIV.

13 — Grande banquette en bois sculpté marqueté à filets de bois teintés. xviie siècle.

14 — Coffre en bois sculpté, le panneau de devant offrant des ogives et des rosaces, serrure en fer découpé et gravé. Époque xvie siècle.

15 — Horloge en bois sculpté à rocailles et coquilles avec pendule, cadran signé Piettre à Yvetot. Époque Louis XV.

16 — Meuble à deux corps s'ouvrant à quatre portes et deux tiroirs en bois sculpté à feuilles d'acanthe, le fronton formant niche à colonnettes. Époque xviie siècle.

17 — Six chaises en bois pieds tors, couvertes en imitation de tapisserie fond noir à fleurs, garnies de clous dorés. Époque Louis XIII.

18 — Crédence en bois sculpté, les portes offrant des feuillages et des rosaces, le bas à colonnettes. Époque xviie siècle.

19 — Chaise à haut dossier en bois couvert en cuir
brun garni de clous cuivrés. Époque xviie siècle.

20 — Petite table en bois pieds à colonnettes, entre-
jambe à croisillon s'ouvrant à un tiroir.

21 — Table ovale pieds à balustres. xviie siècle.

22 — Table rectangulaire s'ouvrant à un tiroir,
pieds à balustres xviie siècle.

23 — Fauteuil en bois sculpté pieds à croisillons et
à filets couverts en ancienne tapisserie à branchages fleuris. Époque xviie siècle.

24 — Fauteuil en bois pieds à pilastres couverts en
tapisserie ancienne au point fond noir à volatiles
et fleurs.

25 — Bonheur du jour en acajou garni de filets de
cuivre, dessus en marbre blanc. Époque
Louis XVI.

26 — Guéridon en bois de rose satinette orné de bronzes, dessus en marbre blanc et galerie ajourée. Époque Louis XVI.

27 — Glace avec cadre en bois sculpté et doré à branchages de roses. Époque Louis XV.

28 — Glace avec cadre en bois sculpté et doré, fronton à corbeille fleurie. Époque Louis XIV.

29 — Table à jaquet en bois d'acajou, pieds cannelés dessus en drap vert. Époque Louis XVI.

3o — Bureau de dame en bois de rose et palissandre à filets posant sur huit pieds réunis par des croisillons. Époque XVII<sup>e</sup> siècle.

31 — Encoignure en bois de rose, dessus en marbre rouge griotte. Époque Louis XV.

32 — Glace avec cadre en bois sculpté et doré, fronton à corbeille fleurie. Époque Louis XIV.

33 — Fauteuil en bois couvert en tapisserie au point
à bouquets de fleurs. xvii<sup>e</sup> siècle.

34 — Table rectangulaire en bois sculpté à ornements et rosaces, pieds à balustres. Époque
xvii<sup>e</sup> siècle.

35 — Bois de bergère en noyer sculpté à fleurs.
Époque Louis XV.

36 — Petit meuble à deux corps en bois sculpté à
chapiteaux. xvii<sup>e</sup> siècle.

37 — Meuble hollandais en marqueterie de bois
formant secrétaire-bureau et s'ouvrant à secret.
Époque Louis XVI.

38 — Commode en bois sculpté s'ouvrant à trois
tiroirs avec poignées et entrées de serrures en
bronze, dessus marqueté. Époque Louis XV.

39 — Deux coffres en noyer sculpté à figurines de femme couchées, colonnes cannelées et à chapiteaux. Époque Louis XIII.

40 — Six chaises Louis XIII couvertes en panne rouge, garnies de galons dorés.

40 bis — Horloge normande en bois sculpté.

41 — Meuble en bois sculpté. Époque Louis XV.

42 — Meubles omis.

# TAPISSERIES

43 — Belle et grande tapisserie de Bruxelles du xvıᵉ siècle représentant une chasse à courre au cerf, composition de nombreux personnages, cavaliers, chiens et piqueurs dans un riant paysage boisé avec fontaine monumentale à droite devant laquelle sont assis Diane et ses suivantes. Bordure à enchaînements de fleurs et d'ornements.

44 — Portière en ancienne tapisserie verdure, bordure à fleurs.

45 — Tableau en broderie, représentant la Vierge, l'Enfant Jésus, Saint-Jean et Sainte-Catherine. xvıᵉ siècle. Cadre ancien en bois sculpté.

# OBJETS D'ART

46 — Jolie pendule d'applique en marqueterie
d'écaille et de cuivre garnie de bronze ciselés à têtes
de femmes et surmontée d'un figurine, mouve-
ment à secondes indépendantes. Époque Louis
XIV.

47 — Belle pendule d'applique en écaille verte garnie
de bronzes ciselés et dorés à fleurs et rocailles.
Époque Louis XV.

48 — Cartel en bronze ciselé et doré à guirlandes
de laurier surmonté d'un vase. Époque Louis XVI.
Cadran signé Jacques à Paris.

49 — Cartel en bronze ciselé à guirlandes, surmonté d'un brûle-parfums. Époque Louis XVI.
Cadran signé Le Nepveu à Paris.

5o — Flambeau bouillotte à deux branches en bronze argenté. Époque Louis XV.

51 — Deux appliques à une lumière en bronze ciselé à têtes de femmes. Époque Régence.

52 — Fontaine et son bassin en cuivre rouge.

53 — Jardinière en cuivre rouge sur pied en fer forgé. Époque Louis XIII.

54 — Deux vases persans en verre.

55-56 — Deux plats en faïence hispano-mauresques.

57 — Deux vases en faïence espagnole.

58 — Petite statuette en ancien verre émaillé de Venise.

59 — Plat oriental ancien.

60-61 — Deux panneaux ornés de peintures. Époque xvᵉ siècle.

62-63 — Deux bas-reliefs en bois sculpté et doré.

64-65 — Deux petits bas-reliefs en bois sculpté et peint.

66 — Petit coffret en fer ciselé.

67 — Coffre à bijou hispano-arabe.

68 — Costume complet de l'époque Louis XV.

69 — Deux gilets brodés. xviiiᵉ siècle.

70-71 — Deux redingotes en velours, même époque.

72 — Jolie épée avec lame en fer partie bleuie, poignée nacre, monture ciselée, de la maison Rouart.

73 — Épée à lame, partie bleuie, poignée en nacre, monture cuivre finement ciselé et doré.

74-75 — Deux épées diverses.

76 — Trois belles épées claymores.

77 — Trois épées vallones.

78 — Une épée allemande.

79 — Quatre hallebardes différentes époques.

80 — Corbeille en ivoire sculpté à jour.

81 — Petit étui en ivoire sculpté. Époque Louis XV.

82 — Cuiller en argent ciselé pour verre d'eau.

83 — Saint-Esprit en strass monture argent.

84 — Face à main en vermeil gravé.

85 — Paire de boutons de manchettes, émaux peints sujets à petits amours, monture en or de couleur ciselé.

86 — Deux empreintes en plâtre : Corneille et Racine.

87-88 — Deux plats en faïence espagnole ornés de sujets.

89-90 — Trois miniatures : Portraits de femmes Louis XVI.

91 — Deux flambeaux en bronze à dragons. Époque I$^{er}$ Empire.

92 — LEBRUN. Scène historique.

93 — FRANCK. *Le Calvaire.*
   Peinture sur cuivre.

94 — Objets omis.

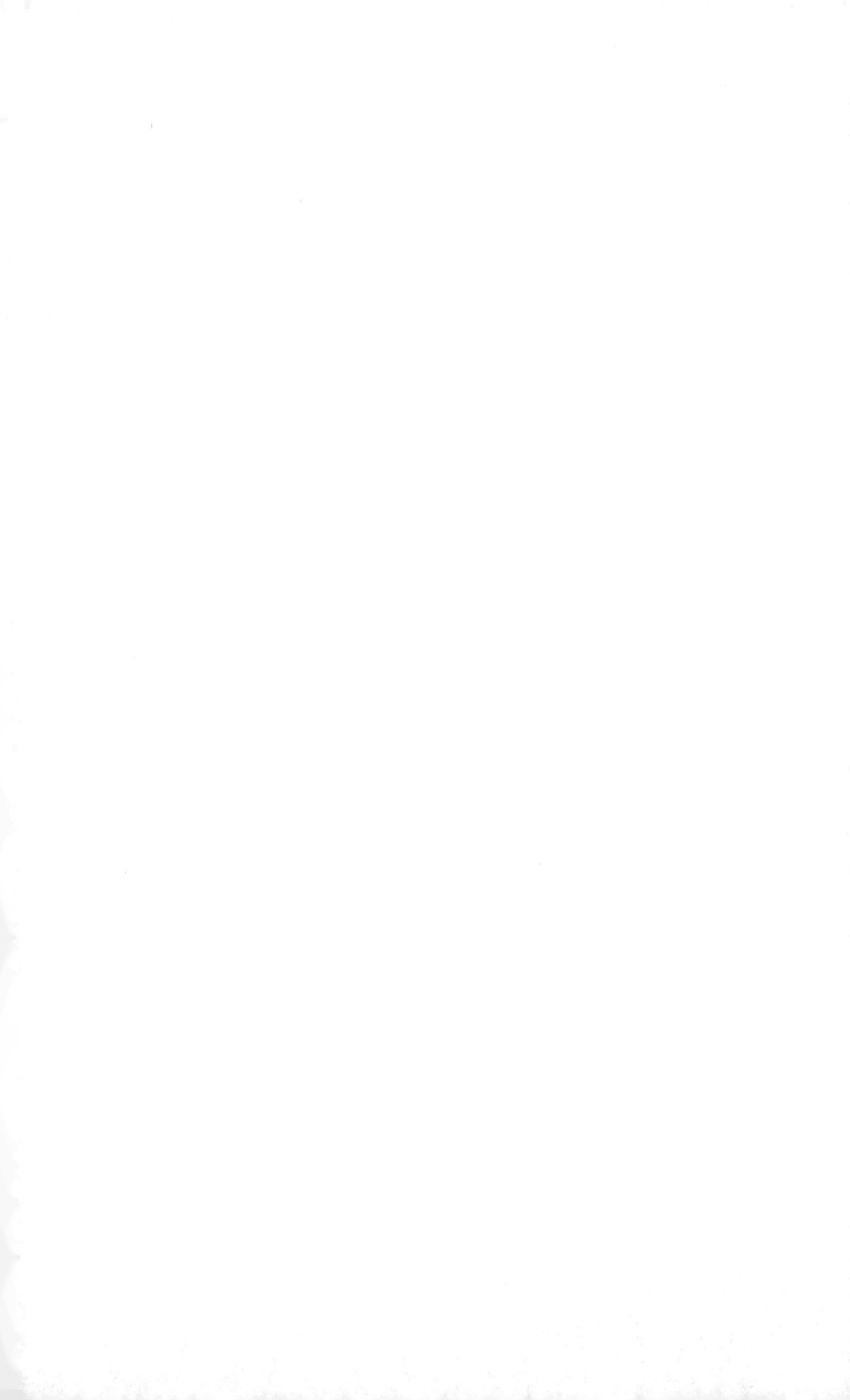

www.ingramcontent.com/pod-product-compliance
Lightning Source LLC
LaVergne TN
LVHW020851200726
843508LV00003B/1149